BEI GRIN MACHT SICH IHR WISSEN BEZAHLT

- Wir veröffentlichen Ihre Hausarbeit, Bachelor- und Masterarbeit

- Ihr eigenes eBook und Buch - weltweit in allen wichtigen Shops

- Verdienen Sie an jedem Verkauf

Jetzt bei www.GRIN.com hochladen und kostenlos publizieren

Bibliografische Information der Deutschen Nationalbibliothek:

Die Deutsche Bibliothek verzeichnet diese Publikation in der Deutschen Nationalbibliografie; detaillierte bibliografische Daten sind im Internet über http://dnb.d-nb.de/ abrufbar.

Dieses Werk sowie alle darin enthaltenen einzelnen Beiträge und Abbildungen sind urheberrechtlich geschützt. Jede Verwertung, die nicht ausdrücklich vom Urheberrechtsschutz zugelassen ist, bedarf der vorherigen Zustimmung des Verlages. Das gilt insbesondere für Vervielfältigungen, Bearbeitungen, Übersetzungen, Mikroverfilmungen, Auswertungen durch Datenbanken und für die Einspeicherung und Verarbeitung in elektronische Systeme. Alle Rechte, auch die des auszugsweisen Nachdrucks, der fotomechanischen Wiedergabe (einschließlich Mikrokopie) sowie der Auswertung durch Datenbanken oder ähnliche Einrichtungen, vorbehalten.

Impressum:

Copyright © 2016 GRIN Verlag, Open Publishing GmbH
Druck und Bindung: Books on Demand GmbH, Norderstedt Germany
ISBN: 9783668428386

Dieses Buch bei GRIN:

http://www.grin.com/de/e-book/350764/gesundheitsmanagement-in-der-praxis-marktanalyse-und-marketingplan-fuer

Maria Stahl

Gesundheitsmanagement in der Praxis. Marktanalyse und Marketingplan für ein Fitnessstudio in Berlin

GRIN Verlag

GRIN - Your knowledge has value

Der GRIN Verlag publiziert seit 1998 wissenschaftliche Arbeiten von Studenten, Hochschullehrern und anderen Akademikern als eBook und gedrucktes Buch. Die Verlagswebsite www.grin.com ist die ideale Plattform zur Veröffentlichung von Hausarbeiten, Abschlussarbeiten, wissenschaftlichen Aufsätzen, Dissertationen und Fachbüchern.

Besuchen Sie uns im Internet:

http://www.grin.com/

http://www.facebook.com/grincom

http://www.twitter.com/grin_com

Deutsche Hochschule für
Prävention und Gesundheitsmanagement
Hermann Neuberger Sportschule 3
66123 Saarbrücken

Hausarbeit (kollektive Prüfungsleistung)

Name, Vorname	Stahl, Maria
Modul	Marketing I
Studiengang	Bachelor Gesundheitsmanagement
Datum Präsenzphase	04.10 – 06.10.2016
Studienort	Frankfurt am Main
Gruppe bzw. zu bearbeitende Stadt	Berlin
Unternehmenstyp	Fitnessstudio, Premium-Segment

Inhaltsverzeichnis

1 Marktbeschreibung / -analyse 3
    1.1 Allgemeine Informationen über den Unternehmenstyp 3
    1.2 Lage und Standort des Unternehmens 4
    1.3 Bestimmung von zwei Marktgebieten 4
    1.4 Makroumfeldanalyse und Abschätzung des Marktpotenzials 5
    1.5 Wettbewerbsanalyse 6
    1.6 Beurteilung der Marktanalyse 7
2 Marketingplanung 8
    2.1 Budgetplanung 8
    2.2 Kommunikationspolitik 8
    2.3 Werbeplanung 10
    2.4 Kostenkalkulation / Budgetvergleich bei der Werbeplanung 11
    2.5 Synergieeffekte im Rahmen der Kommunikationspolitik 11
3 Abschlussstatement 12
4 Literaturverzeichnis 13
5 Abbildungs- und Tabellenverzeichnis 14
    5.1 Abbildungsverzeichnis 14
    5.2 Tabellenverzeichnis 14

1 Marktbeschreibung / -analyse

1.1 Allgemeine Informationen über den Unternehmenstyp

In Bezug auf die Premium Fitnessanlage wird insbesondere die Gruppe der Manager und Führungskräfte angesprochen. Die Hauptzielgruppe sind somit alle Personen ab circa 35 Jahren, mit einem höheren Einkommen, welche Wert auf Qualität, Leistung und Modernität legen. Die Zielgruppe sollte eine entspannte Atmosphäre, Exklusivität, Sport, Fitness, sowie Wellness schätzen.

Die Premium Fitnessanlage hebt sich von anderen Premium Anbietern ab, da dieses Studio den Kunden ein Gefühl von vertrauen und Professionalität durch das geschulte Personal gibt. Der Blick ins Grüne, der Naturteich, das Schwimmbad, sowie die 3 Saunen bieten Entspannung, als Ausgleich zum stressigen Arbeitsalltag. Einen powervollen Ausgleich bieten die lizenzierten Personaltrainer, welche gleichzeitig eine emotionale Bindung zu dem Kunden aufbauen. All diese Faktoren tragen zu einer richtigen Positionierung bei, wodurch auch die gewünschte Zielgruppe angesprochen wird.

Tab. 1: Übersicht der Produkt-, Preis- und Distributionspolitik (eigene Darstellung).

Produktpolitik	Preispolitik	Distributionspolitik
• 3487 qm Fläche auf 3 Etagen • Trainieren an den neusten Kraft- und Cardiogeräten, mit eingebauten Bildschirmen, zur freien Auswahl an allen Fernsehprogrammen • Functional Trainingsbereich • 75 Kurse pro Woche (Yoga, Pilates, Langhanteltraining, Intervalltraining, Bauch Beine Po usw.) • Trainingsbetreuung • Workshops einmal pro Woche mit unterschiedlichen Themen (Ernährung, Entspannung, Stressmanagement usw.) • Ein Schwimmbad, ein Naturteich, 2 Sauen für Männer und Frauen, eine Sauna für Frauen • Kinderbetretung morgens sowie am Wochenende	• 80 Euro netto pro Monat	• Direktvertrieb: persönlicher Kontakt mit den potenziellen Kunden • Indirekter Vertrieb: Neukundengewinnung über Kooperationen, Veranstaltungen, Gutscheinen

1.2 Lage und Standort des Unternehmens

Das Premium Fitnessstudio befindet sich in der Spohrstraße 50, 14193 Berlin. Der ausgewählte Standort liegt im Stadtteil Grunewald, welcher zum Bezirk Charlottenburg-Wilmersdorf gehört. Dieser Stadtteil ist für seine Vielfältigkeit und luxuriöse Ausstrahlung bekannt. Man hat eine gute Verkehrsanbindung zu dem ausgewählten Standort und es liegt trotzdem im Grünen der Natur. Somit befindet man sich mittendrin und trotzdem in einer ruhigen Lage.

1.3 Bestimmung von zwei Marktgebieten

Für die Bestimmung von zwei Marktgebieten, wurde die „Zeit-Distanz-Methode" verwendet. „Bei der Zeitdistanzmethode wird die grundlegende Annahme getroffen, daß der Kunde die Erreichbarkeit eines Standorts nach der Zeit beurteilt, die er aufwenden muß, um die Distanz zwischen seinem Ausgangsort und dem Standort zu überwinden" (Zimmermann, 2002, S. 44). Die Anfahrtszeit des Kunden wird zu der Hauptverkehrszeit, sowie aus allen Himmelsrichtungen gemessen (Zimmermann, 2002, S. 44).
Es wurden alle Himmelsrichtung zu der Hauptverkehrszeit mit dem Pkw abgefahren, um das Marktgebiet 1 mit einer Fahrtzeit von 6 Minuten und das Marktgebiet 2 mit einer Fahrtzeit von 13 Minuten definieren zu können.

(Für Publikation entfernt)

1.4 Makroumfeldanalyse und Abschätzung des Marktpotenzials

In Berlin liegt 2016 die durchschnittliche Kaufkraft pro Einwohner bei etwa 19.900 Euro im Jahr, was somit einem Kaufkraftindex von 91,4 ergibt (Gesellschaft für Konsumforschung, 2015).

Die Kaufkraft innerhalb des Marktgebietes, welches sich in dem Bezirk Charlottenburg-Wilmersdorf befindet, liegt deutlich über der durchschnittlichen Kaufkraft von Berlin. Wie man der Abbildung 1 entnehmen kann, liegt der Kaufkraftindex innerhalb des Markt-gebietes zwischen 104 und 128 (M. Matern, 2008).

Abb.1: Kaufkraft in Berlin (WeltN24)

Die Arbeitslosenquote in Berlin lag im Jahre 2015 durchschnittlich bei 10,7 Prozent (Statista, 2016). Aktuell (September 2016) liegt die Arbeitslosenquote in Berlin durchschnittlich bei 9,4 Prozent (Bundesagentur für Arbeit, 2016). In dem Bezirk Charlottenburg-Wilmersdorf lag im September 2016 die Arbeitslosenquote bei 8,5 Prozent (Bundesagentur für Arbeit, 2016).

Die Abbildung 2 zeigt die Altersverteilung innerhalb von Berlin. In dieser Abbildung ist deutlich zu erkennen, dass der größte Anteil der Bevölkerung ein Alter von 30 bis 50 Jahren hat.

Altersaufbau nach Altersgruppen und Geschlecht	männlich	weiblich	gesamt
unter 18 Jahre	17.080	16.210	33.290
18 – < 30 Jahre	23.780	24.410	48.190
30 – < 50 Jahre	37.110	33.200	70.310
50 – < 65 Jahre	23.140	25.430	48.580
65 und älter	21.660	30.170	51.830

Abb. 2: Altersverteilung innerhalb von Berlin (Berlin, Statistisches Jahrbuch 2013).

Das Durchschnittsalter in dem Bezirk Charlottenburg-Wilmersdorf lag 2014 bei circa 48 Jahren (Statistik Berlin-Brandenburg, 2014).

Die Einwohnerzahl im Marktgebiet 1 beträgt eine Anzahl von 7.053 Personen. Diese Anzahl setzt sich aus zwei Stadtteilen zusammen. Schmargendorf deckt mit circa 3.543 Einwohner und Grunewald mit circa 3.510 Einwohnern das Marktgebiet 1 ab.

Das Marktgebiet 2 setzt sich aus fünft Ortsteilen zusammen. Schmargendorf deckt hier eine Fläche mit circa 17.715 und Dahlem mit circa 13.898 Einwohnern ab. Die Einwohnerzahl von Halensee beträgt innerhalb von dem Marktgebiet 2 circa 9.884 Einwohner. Grunewald liegt im Marktgebiet 2 mit einer Einwohnerzahl von circa 7.020 Einwohnern und Westend mit 3.180.

Für die Berechnung des Gesamtmarktpotenzials werden 100 Prozent von der Einwohnerzahl des Marktgebiet 1, sowie 70 Prozent von der Einwohnerzahl des Marktgebiet 2 zusammengerechnet. Von der Summe aus dem Marktgebiet 1 und 2 werden 12 Prozent ermittelt, um das entsprechende Marktpotenzial ermitteln zu können.

Rechnung:

Marktgebiet 1: 100% = 7.053 Einwohner

Marktgebiet 2: 70% = 36.251 Einwohner

7.053 + 36251 = 43.304

43.304 : 100 = 433,04   433,04 x 12 = 5.196

Anhand der Rechnung kann man erkennen, dass das Gesamtmarktpotenzial eine Einwohnerzahl von 5196 ergibt.

1.5   Wettbewerbsanalyse

Die zwei stärksten Mitbewerber innerhalb des Marktgebietes ist zum einen der Sportclub Rauschenbach in der Königsallee 19a 14193 Berlin, sowie zum anderen der Fitnessclub Lokahi Loft in der Joachim-Friedrich-Str. 37-38 10711 Berlin.

Beide Mitbewerber sind Premium Fitnessanlagen und verfügen über einen Wellnessbereich, sowie über ein Kursangebot. Im Wellnessbereich ist jedoch schon die erste Schwäche von beiden Mitbewerbern zu erkennen, denn in keinen von beiden Studios ist ein Schwimmbereich vorhanden. Unsere Premium Fitnessanlage verfügt hingegen über ein Schwimmbad, sowie über einen Naturteich. Preislich gesehen bietet das Lokahi Loft mit 68 Euro pro Monat den günstigsten Tarif. Der Sportclub Rauschenbach liegt hingegen bei 95 Euro pro Monat. Somit liegt unsere Premium Fitnessanlage mit 80 Euro pro Monat genau im Durchschnitt.

Eine weitere zentrale Schwäche der beiden Mitbewerber ist die fehlende Kinderbetreuung. Unsere Premium Fitnessanlage hingegen verfügt über eine Kinderbetreuung an allen Wochentag.

Der Sportclub Rauschenbach verfügt über 17 Jahre Erfahrung im Personal Training und professioneller Fitnessberatung. Dies ist eine zentrale Stärke, da das eigene Unternehmen was Kundenbetreuung, Unternehmensleitung und Konfliktmanagement angeht, weniger Erfahrung hat. Zusätzlich zur Trainingsbetreuung bietet das Unternehmen eine umfassende und individuelle Ernährungsberatung für jedes Mitglied an, was ebenfalls eine Stärke des Sportclubs Rauschenbach ist. Das eigene Unternehmen hingegen bietet nur monatliche Ernährungsseminare für Mitgliedergruppen an.

Eine zentrale Stärke vom Lokahi Loft Fitnessclub ist, dass Kurse unabhängig vom abgeschlossenen Vertrag gebucht werden können. Dadurch wird den Kunden eine sehr hohe Flexibilität in Sachen Leistungsumfang gewährleistet. Das eigene Unternehmen bietet jedoch nur Kurse für bestehende, vertraglich gebundene Mitglieder an. Des Weiteren arbeitet das Unternehmen deutschlandweit mit diversen Premium-Anbietern zusammen und bietet so Mitgliedern, welche sich nur zeitlich begrenzt in bestimmten deutschen Großstädten aufhalten, die Möglichkeit, für eine jährliche Zusatzgebühr, diese Studios voll nutzen zu können. Unsere Premium Fitnessanlage bietet solch eine Kooperation nicht an.

1.6 Beurteilung der Marktanalyse

Das ermittelte Marktgebiet ist eine gute Entscheidung, da der Umkreis von dem Standort sehr weitreichend ist. Da die Verkehrsanbindung gut ist, deckt das Marktgebiet ein großes Umfeld ab. Das Marktpotenzial liegt bei 5.196 Einwohnern, was dafürspricht, dass die geplante Mitgliederzahl von 1.200 Personen nach dem ersten Geschäftsjahr erreicht werden kann. Weitere Argumente sind der Altersdurchschnitt von circa 48 Jahren, sowie die hohe Kaufkraft der Einwohner innerhalb der zwei Marktgebiete. Des Weiteren sind keine unmittelbar naheliegenden Konkurrenten vorhanden.

2 Marketingplanung

2.1 Budgetplanung

Anhand der Methode „Marketingkosten pro Neukunde" wird nun das Jahresmarketingbudget für das erste Geschäftsjahr berechnet.
Für die Berechnung werden die erfahrungsgemäßen Marketingkosten pro Neukunde (60€) mit der geplanten Mitgliederzahl nach dem ersten Geschäftsjahr (1.200) multipliziert. Somit kommt man auf ein Jahresmarketingbudget von 72.000 Euro.

Rechnung:
60 x 1.200 = 72.000

2.2 Kommunikationspolitik

Im Folgenden wird eine Vermarktungskampagne vorgestellt, welche dazu dienen soll vor dem eigentlichen Marktstart viele Mitglieder für das Unternehmen zu gewinnen.
Die Vermarktungskampagne beinhaltet drei verschiedene Kommunikationsinstrumente: Werbung, Verkaufsförderung, Öffentlichkeitsarbeit.
Der erste Punkt bei dem Konzept der Kampagne ist, durch Werbung die Einwohner der zwei Marktgebiete darauf aufmerksam zu machen, dass in den nächsten 2 Monaten eine neue Premium Fitnessanlage eröffnet. Die Einwohner werden aufgefordert zu einer Challenge zu kommen, in der sie verschiedene sportliche Übungen durchführen können und pro absolvierter Wiederholung eine Spende an krebskranke Kinder geht. Die 3 besten Teilnehmer erhalten einen Monatsgutschein für die Premium Fitnessanlage geschenkt. Am Tag der Challenge sollen auch ausgewählte Politiker und Journalisten erscheinen, die ebenfalls um eine Teilnahme an der Spenden-Challenge geben werden.

Das primäre Ziel der Kampagne soll die Kundengewinnung sein. Das Primäre Ziel wird mit drei gesonderten Zielen versucht zu erreichen. Die Werbung dient dazu mit Flyern eine Bekanntheit bei den Einwohnern in den Marktgebieten zu schaffen. Bei der Verkaufsförderung findet eine Verkaufsschulung für die Mitarbeiter statt, um die Abschlussquote bei Verkaufsgesprächen zu optimieren. Die Öffentlichkeitsarbeit soll dazu dienen, populär zu werden und somit positives Ansehen zu erwecken. Die Botschaft der Werbung und der Öffentlichkeitsarbeit soll die Neueröffnung und somit die Bekanntmachung sein. Bei der Verkaufsförderung soll vermittelt werden, dass jedes Verkaufsgespräch und somit alle Kunden wichtig sind.

Der Inhalt der Kampagne sieht wie folgt aus. Es werden Flyer gestaltet und eine ausreichende Anzahl für die Flyeraktion bestellt. Auf dem Flyer stehen alle Informationen, um den potenziellen Kunden deutlich zu machen, dass in zwei Monaten eine neue Premium Fitnessanlage eröffnet und diese herzlich zu einer Spenden-Challenge eingeladen werden. Durch den Slogan „Schwitzen für krebskranke Kinder", sowie eine Abbildung auf dem Flyer von einem Mann und einer Frau, welche gerade Klimmzüge machen und von einem Kind angefeuert werden, soll deutlich gemacht werden, dass es sich um eine sportliche Spenden-Challenge handelt, mit der krebskranken Kindern geholfen werden soll. Als Anreiz, an dieser Challenge teilzunehmen, wird in einem weiteren Satz auf dem Flyer deutlich, dass die 3 besten Teilnehmer einen Monatsgutschein für den Besuch in der Premium Fitnessanlage gewinnen können. Parallel zu der Flyeraktion werden Briefe verfasst, in denen die Politiker der Stadt, sowie Journalisten der Berliner Zeitung ebenfalls zu der Spenden-Challenge eingeladen werden. Eine Woche vor der Spenden-Challenge nehmen alle Mitarbeiter des Unternehmens an einer verpflichtenden Verkaufsschulung teil.

Die Inhalte der Kampagne wurden bewusst so ausgewählt, wie sie beschrieben wurden, da zunächst die potenziellen Kunden zu einer Teilnahme an der Spenden-Challenge animiert werden sollen und in einem zweiten Schritt an dem Tag der Challenge von einer Mitgliedschaft überzeugt werden sollen. Durch das Erscheinen von Politikern und Journalisten, soll in einem dritten Schritt dafür gesorgt werden, dass auch noch nach der Challenge von der Aktion in der Zeitung berichtet wird, um somit einen größeren Bekanntheitsgrad zu schaffen.

Tab. 2: Übersicht der zeitlichen Organisation der Kampagne (eigene Darstellung).

Planung	Bis wann
Flyer gestalten	8 Wochen vor der Kampagne
Flyer bestellen	6 Wochen vor der Kampagne
Flyer in die Briefkästen der Einwohner verteilen	4 Wochen vor der Kampagne
Briefe für Politiker und Journalisten verfassen	8 Wochen vor der Kampagne
Briefe für Politiker und Journalisten verschicken	8 Wochen vor der Kampagne
Telefonisch bei den Politikern und Journalisten um eine Zusage beten	3 Wochen vor der Kampagne
Referent für die Verkaufsschulung organisieren	8 Wochen vor der Kampagne
Mitarbeiter für die Verkaufsschulung einladen	8 Wochen vor der Kampagne
Schulungstag	1 Woche vor der Kampagne

Der Erfolg der Kampagne wird durch eine Befragung gemessen. Jeder Neukunde wird zu Beginn gefragt, wie er auf das Unternehmen aufmerksam geworden ist. Am Ende von jedem Monat wird eine Statistik mit den jeweiligen Antworten erstellt, um eine Übersicht zu verschaffen.

2.3 Werbeplanung

Für die Werbeplanung der Kampagne werden drei verschiedene Werbemittel ausgewählt. Zum einen sollen die Flyer von privaten Verteilern in den Briefkästen der Einwohner innerhalb der Marktgebiete verteilt werden. Als zweites Werbemittel, soll eine Plakatwerbung mit der Information der Neueröffnung erscheinen. Als letztes Werbemittel wird ein Hörfunkspot über einen Radiosender in Betracht gezogen.

Die Flyeraktion wurde ausgewählt, um mit diesem Werbeträger das gesamte Marktgebiet des Unternehmens abzudecken. Um noch genauer auf die Zielgruppe eingehen zu können, wird eine Plakatwerbung veröffentlicht. Die Plakatwerbung erscheint in den Straßen, Geschäften und öffentlichen Plätzen von Schmargendorf, Dahlem und Grunewald, da die drei Ortsteile den größten Bereich des Marktgebietes abdeckt. Da viele Menschen Radio hören und hauptsächlich die gewünschte Zielgruppe im Alter von circa 47 Jahren, wird der Hörfunkspot über einen Radiosender verwendet.

2.4 Kostenkalkulation / Budgetvergleich bei der Werbeplanung

Tab. 3: Kostenkalkulation für die geplante Kampagne (eigene Darstellung).

Notwendigen Schritte	Preis
Flyer gestalten	300 €
Flyer bestellen	350 € (35.000 Stück DIN A5)
Flyer in die Briefkästen der Einwohner verteilen - Mitarbeiterzeit	3.500 €
Plakat Gestaltung und Druck	1.500 € (50 Stück)
Plakatwerbung für 60 Tage	1.800 €
Radio Hörfunkspot Produktion und Sendung	6.000 €
Summe aller Kosten	**13.450 €**

Das Jahresmarketingbudget beträgt 72.000 Euro. 20 Prozent von dem Budget werden für die Kampagne verwendet, was eine Planzahl von 14.400 Euro entspricht.

Betrachtet man alle Kosten für die Kampagne kommt man bei genau 13.450 Euro raus. Somit wären die 20 Prozent von dem Jahresmarketingbudget nicht aufgebraucht.

Meiner Meinung nach, gibt es keine Optimierungsmöglichkeiten, da für den Tag der Kampagne alles geplant wurde und die Kosten, die entstehen mit dem vorhandenen Budget gedeckt werden können. Bei den Mitarbeiterzeiten wurde von einer langsamen Arbeitsausführung ausgegangen. Wenn ein Mitarbeiter also unter der geplanten Zeit die Aufgaben erledigt wird somit sogar noch Geld gespart, was bedeutet, dass nicht das gesamte Budget aufgebraucht wird.

2.5 Synergieeffekte im Rahmen der Kommunikationspolitik

Die gesamte Unternehmensgruppe kann teilweise im Rahmen der Kommunikationspolitik unternehmenstypübergreifende Synergieeffekte erzielen.

Zum einen könnten die verschiedenen Unternehmenstypen mit derselben Werbeagentur zusammenarbeiten, um Kosten zu sparen. Zum anderen könnten die anderen Unternehmenstypen an meiner Verkaufsförderungsmaßnahme teilnehmen, indem diese ihre Mitarbeiter ebenfalls zu der Verkaufsschulung einladen. Somit könnten die Kosten für die Verkaufsschulung geteilt werden und damit würde eine Kostenminderung erzielt werden, wodurch ein Synergieeffekt eingeleitet werden kann. In Bezug auf die Öffentlichkeitsarbeit, besteht meiner Meinung nach kein sinnvoller Synergieeffekt. Würde man während der Spenden Challenge Werbung für die anderen Unternehmenstypen betreiben, würden die potenziellen Kunden zwar auf diese Unternehmenstypen aufmerksam gemacht werden, jedoch gehen die Kunden für den eigenen Unternehmenstyp vor. Diese Kunden könnten sich durch die Werbemaßnahme für die anderen Unternehmenstypen entscheiden und somit würde der eigene potenzielle Kundenstamm gemindert werden.

Zusammenfassend kann man erkennen, dass mindestens zwei gewinnbringende Synergieeffekte vorhanden sind.

3 Abschlussstatement

Da in Berlin sehr unterschiedliche soziale Schichten vorhanden sind, ist die Attraktivität der Stadt Berlin für die Eröffnung einer neuen Sportanlage allgemein betrachtet sehr gut. Das Gesundheitsstudio, sowie das Damenfitnessstudio befinden sich jeweils in der Nähe von unterschiedlichen Einkaufszentren. Dies hat den Vorteil, dass Laufkundschaft immer vorhanden ist. Außerdem liegen beide Studios preislich im gleichen Rahmen, wobei beide unterschiedliche Zielgruppen ansprechen und somit keine Konkurrenz für einander sind. Das EMS-Studio spricht wiederum eine ganz andere Zielgruppe an und hat eine ähnliche Kostenstruktur, wie das Fitnessstudio im Premiumsegment. Ein Nachteil der Lage des EMS-Studios ist, dass in unmittelbarer Nähe ein weiteres EMS-Studio vorhanden ist. Jedoch hebt sich dieses Studio, durch die geplante Kooperation mit einem naheliegenden Hotel hervor und steigert somit die Chance auf ein gewinnbringendes Studio. Das Fitnessstudio im Discountersegment liegt preislich gesehen in dem niedrigsten Rahmen und spricht somit wieder eine andere Zielgruppe an. In der unmittelbaren Nähe liegen zwar zwei weitere Discountstudios, jedoch bietet das Discountstudio der Gruppe allgemein bessere Leistungen an, sowie flexiblere Laufzeiten der Mitgliedschaft, was für viele potenzielle Kunden ein wichtiger Faktor ist.

Meiner Betrachtung zufolge, sehe ich für alle Unternehmenstypen die geplanten Ziele innerhalb der angegebenen Zeit zu erreichen, als realistisch. Wenn die angegebenen Versprechen und Planungen umgesetzt werden, dürften keine Risiken entstehen.

Die größte Erfolgswahrscheinlichkeit hat meiner Meinung das Damenfitnessstudio, da das Marktgebiet eine sehr hohe Einwohnerzahl hat und das Ziel von 400 geplanten Mitgliedern in dem ersten Jahr zu erreichen, am realistischen erscheint.

4 Literaturverzeichnis

http://www.gfk.com/de/insights/press-release/kaufkraft-der-deutschen-steit-2016-um-2-prozent/

https://www.welt.de/regionales/berlin/article1626146/Wohlhabende-Berliner-fliehen-ins-Umland.html

https://de.statista.com/statistik/daten/studie/2519/umfrage/entwicklung-der-arbeitslosen-quote-in-berlin-seit-1999/

https://statistik.arbeitsagentur.de/Navigation/Statistik/Statistik-nach-Regionen/SGBII-Traeger/Berlin-Nav.html

https://statistik.arbeitsagentur.de/Navigation/Statistik/Statistik-nach-Regionen/SGBII-Traeger/Berlin/Charlottenburg-Wilmersdorf-Nav.html

http://www.sportclub-rauschenbach.de/pages/home

http://www.lokahiloft.de/kontakt.php#mitglied_werden

http://www.lokahiloft.de/ueber-uns.php#partnerclubs

Statistik Berlin-Brandenburg, Einwohnerinnen und Einwohner im Land Berlin am 31. Dezember 2014, S.5 https://www.statistik-berlin-brandenburg.de/publikationen/stat_berichte/2015/SB_A01-05-00_2014h02_BE.pdf

Statistisches Jahrbuch, Berlin, 2013 https://www.berlin.de/ba-lichtenberg/ueber-den-bezirk/zahlen-und-fakten/

5 Abbildungs- und Tabellenverzeichnis

5.1 Abbildungsverzeichnis

Abb. 1: Kaufkraft in Berlin (WeltN24).

Abb. 2: Altersverteilung innerhalb von Berlin (Berlin, Statistisches Jahrbuch 2013).

5.2 Tabellenverzeichnis

Tab. 1: Übersicht der Produkt-, Preis- und Distributionspolitik (eigene Darstellung).

Tab. 2: Übersicht der zeitlichen Organisation der Kampagne (eigene Darstellung).

Tab. 3: Kostenkalkulation für die geplante Kampagne (eigene Darstellung).

BEI GRIN MACHT SICH IHR WISSEN BEZAHLT

- Wir veröffentlichen Ihre Hausarbeit, Bachelor- und Masterarbeit

- Ihr eigenes eBook und Buch - weltweit in allen wichtigen Shops

- Verdienen Sie an jedem Verkauf

Jetzt bei www.GRIN.com hochladen und kostenlos publizieren